我来创造
未来世界

【法】玛丽昂·德穆林 / 著
【法】约瑟芬·范德杜特 / 绘
周游 / 译

每个人对房屋都有各不相同的愿望、喜好和需求。

而且，人人都拥有一个让自己感到温馨、舒适的地方——家。本书将带你了解建筑师的工作（从房屋整体规划到室内设计方案），以及其他建筑专业人员如何按照设计图纸完成房屋建造的整个过程，学习怎样建造一个家。

这样，你就可以想象和设计自己的房子啦。无论你设想的是什么类型的房屋，无论你想象它拥有怎样的周边环境，都可以在这里创建出来！

世界房屋的发展演变

从简单的安身之所到联排房屋，随着时间的推移，人类的住所在不断演变。

最初，人类的住所只用来安身。因此，很自然，人类最早的“房子”是洞穴。有些洞穴是天然形成的，另一些则是在岩石上开凿出来的。

△土耳其的岩洞

后来，人们开始就地取材来建造房屋。比如在地球的最北端，既没有石头，也没有木材，人们就用冰雪建造房屋。

△加拿大的冰屋

随着建筑技术的进步，人类的住所变得更加结实，更适应当地的气候，也更加高大漂亮。

在古代，人们已经懂得使用马赛克把别墅装点得华丽多彩。

△苏格兰的一座城堡

目前，人们开始反思滥用资源的问题，并考虑建设其他类型的房屋以减少能源消耗，或者重复利用一些你意想不到的材料。

这座房子是用货运集装箱改造而成的。

这座房子的屋顶上架设着太阳能电池板。

一切从建筑师的工作开始

我喜欢绘制平面图和制作建筑模型。我的梦想是成为一名建筑师！

建筑师也是艺术家。他先要对建筑物的外观进行构思，然后再把构思结果绘制出来。不仅如此，建筑师还是技术专家。他需要掌握关于建筑材料和施工技术的专业知识，这对于建造质量优良的房屋是必不可少的。

为了建造或翻新房屋，建筑师会根据客户的意愿绘制平面图。从房间的数量、房屋的大小、使用的材料、门窗的位置和大小、墙壁的厚度等，一直到房屋外立面的颜色，他需要考虑得非常全面！

然后，他还要到施工工地现场监督，确保施工过程中所有的规划都一一得到落实。

房屋的周边环境

每个人都有自己的喜好和需求。人们可以选择在城市、乡村或者海边建造自己的房子。居住体验好不好，跟房屋的周边环境有很大关系！有些人想要环境优美、独门独院的大房子，另一些人则更喜欢住在公寓里，因为公寓靠近他们常去的地方，比如电影院和博物馆。

我嘛，我梦想着能够拥有一幢古老的豪宅，里面还有一个大花园。

我希望住在市中心用现代技术建造的房子里。

因此，人们建造了独具特色的房子。在城市中，你可以看到非常具有现代风格的高楼大厦，也会发现一些色彩斑斓的小型建筑。

独栋房屋也各式各样：它们可以是近代风格的、现代风格的，或者古典风格的；可以只有一层，或者有好几层；屋顶可以是两面坡，或者四面坡；可以带阳台、大露台或者露台阳光房；可以有角楼、穹顶、遮阳篷、牛眼窗、落地窗或飘窗。

建筑的主体也是多种多样的：建筑物的外墙可以让石头直接裸露在外，可以刷上涂料，也可以覆盖木板或金属板。屋顶可以用瓦片、石板或锌板铺成，也可以设计成用来栽种植物的大平台。

想象一下你家房子的外观和它周边的环境。
请分别用两个视角画出你的房子，再把周围的景观也画出来。

建筑业

虽说房屋建造是从建筑师开始的，但他不会亲自完成所有的工作。

在房屋的施工过程中，会有众多的专业人员参与。首先是泥瓦工。通常，他们负责根据土地的特点来建造坚固的地基。如果建筑物的墙体采用石头、砖块或混凝土等建筑材料，那么砌墙的工作也是由他们来负责。

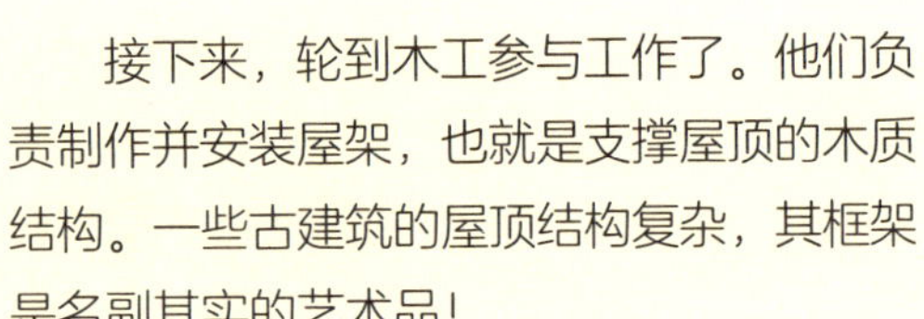

接下来，轮到木工参与工作了。他们负责制作并安装屋架，也就是支撑屋顶的木质结构。一些古建筑的屋顶结构复杂，其框架是名副其实的艺术品！

然后，由屋面工来安装屋顶。他们不仅负责在框架上铺瓦，还要保证房屋的防水性，也就是说要保证下雨时雨水不会从屋顶渗漏进来。

木工负责制作门、木地板、楼梯，甚至某些家具。从前，木制窗户也是由他们制作的。但如今的窗户很多都改为采用铝或PVC（一种塑料原料）等其他材料了。

一旦以上步骤都完成了，我们就可以说，这座房子基本上能够“遮风挡雨”了：屋顶已经盖上，大门和窗户都已就位。

然后，其他专业人员将会参与工作：电工、水暖工、铺砖工、油漆工、泥水工，甚至可能还会有跟金属打交道的钳工，比如，可能需要他们制作金属楼梯……

长期以来，人们都是用石膏给房屋的墙壁打底，给墙壁均匀地抹上一层石膏是抹灰工的工作。他们甚至可以在墙角和天花板上做出造型各异的角线，非常赏心悦目！但是随着技术的发展，现在人们直接使用石膏板了。安装石膏板的工作由泥水工来完成。

请选择你喜欢的房屋建造材料，然后画出你家室内的墙面设计。

能源系统

我希望我的房子有自给自足的能源！怎样才能更好地解决这个问题？

如今，人们居住的房屋已经变得非常舒适。为了实现较高的舒适度，很多能源会被消耗掉：人们照明要用电，有时取暖也要用电，使用家用电器还要用电。其中供暖系统消耗的能源是最多的。

能源系统是如何运行的？

发电厂发电，然后把电通过电网输送到家家户户。在城市和某些村庄，还有一种输送管道，可以把天然气输送到居民家中，供人们取暖或者做饭时使用。

房屋最初的一个重要功能就是御寒。所以，人们很快就通过建造烟囱实现了在室内生火的可能。

能源包括哪些呢？

天然气、煤和石油都属于化石能源。它们是自然资源，但总量有限，而且一旦被开采使用，就无法再生。如果我们只依靠这些能源，很快就会面临能源短缺的风险。

幸好我们还有可再生能源。所谓可再生，是指它们是不会被耗尽的。太阳能和风能就是可再生能源。

现在，人们家里的能源系统改进了，可以越来越多地利用可再生能源了。人们可以利用太阳能电池板来发电，或者使用热泵来取暖（热泵吸收空气或土壤中的热能，并将其释放到室内），或者从不断再生的森林中获取木材作为燃料。

你知道吗？

石头是一种可以储存热量的材料。人们利用石头的这个特性来制造暖炉，而滑石暖炉尤其好用：只需像使用普通炉子一样在里面生火就行了；在整个加热过程中，滑石会把热量储存起来，然后在接下来的几个小时里，把热量慢慢地散发到室内！

请先画出你的房屋，然后用线条将你选择使用的能源系统连接起来。
请仔细考虑后，再选择家中的照明设备和取暖设备。

供水系统

或许，我可以建造
一个可以最大限度地利
用雨水的供水系统……

我们的房屋还需要连接另外一个系统，即供水系统。

在人类历史上，自来水系统是一种新近发明的设施，并且尚未覆盖到世界上的每个角落。有些地方的人不得不步行好几公里才能获得生活用水。

家里的水源不仅用于饮用，还可以用来浇花、洗涤（如洗衣、洗碗、洗汽车）和卫生清洁（厕所和浴室）。所以节约用水很重要，千万不要让水白白流淌，同时还要注意防止滴漏。

你知道吗？

- 一次淋浴需要大约80升水，而一次坐浴需要大约200升水。
- 使用洗碗机每天大约会消耗20升水，而手洗碗筷一不留神就可能用掉多达 50 升水。
- 老式马桶一次冲水量可达12升，如今双控马桶可以将平均每次用水量减少到 6升。
- 一个大型比赛专用游泳池需要上百万升水才能装满。

△浴缸

△花园灌溉喷头

△洗脸池

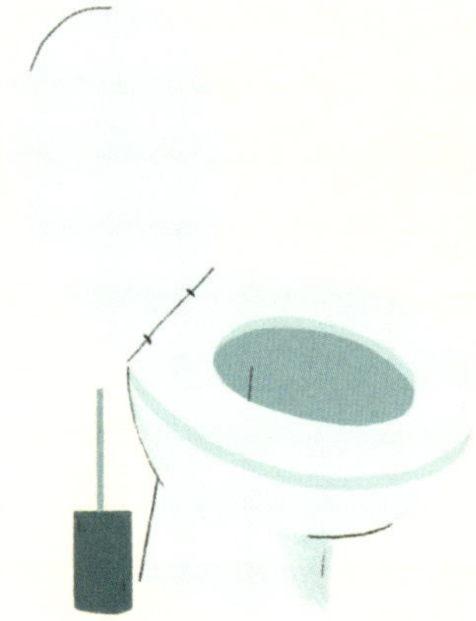

△露天游泳池

△抽水马桶

请画出你的房屋，然后选择所有你希望安装的用水设施，
并把它们连接到你家的供水管网中。

户外空间

现在，你未来的家已经初具雏形。也许，你梦想中的住所是一套公寓，那么，公寓的户外空间，比如露台、阳台，你打算怎么设计？户外空间可以用来做很多事情！

小阳台适合种植漂亮的绿植，甚至可以种植某些品种的西红柿或香草；大露台则适合户外用餐。如果你想要更惬意的户外空间，那么还可以选择建造带秋千的游乐区、空中滑索、树上小屋等。

如果你家的户外场地特别宽敞，那么一切皆有可能！你可以建造一个足球场、一个滚球场，或者一个网球场。你也可以打造园艺空间：菜园、果园、花卉和水景景观，甚至一片树林！

无论你渴望拥有何种户外空间，它都可以给你提供一个学习用废料制作堆肥的好机会。只需将全部植物废料放入堆肥箱即可：叶子、小树枝、蔬菜皮、草屑，等等。如此一来，这些废料非但不会再作为生活垃圾被扔掉，用它们制作的堆肥还可以成为花坛或菜园的肥料！

请画出你梦想中的室外花园吧！

绘制房屋的平面图

房屋建造的第一步是由建筑师来绘制平面图。

平面图是一种空间俯瞰图。就尺寸而言，它不可能和房子的真实大小相同。因此，它必须“按照比例”绘制，也就是说现实中的1米在图纸上将始终以相应的长度来代表，比如用1厘米来表示1米。

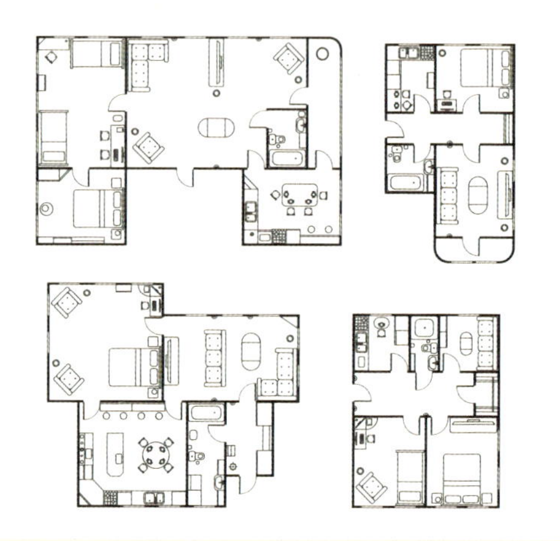

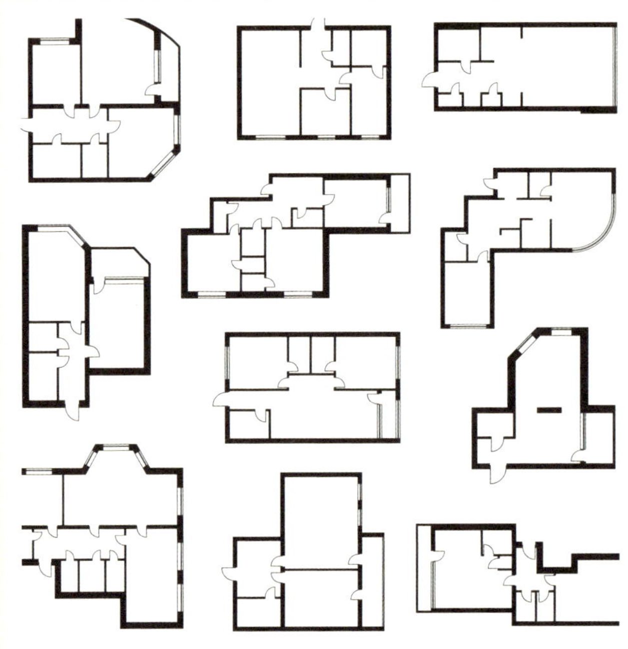

开始的时候，房屋的平面图只涉及房屋的空间布局。所以建筑师只需根据业主的大致需求（如卧室和浴室的数量），简单地画出墙壁和门窗即可。

尽管它很简单，但也要和实际空间成比例：按照上文提到的比例尺，现实中20厘米厚的墙要用2毫米宽的线来表示，10米长的立面要用10厘米长的线来表示。

房屋的平面图也是参与房屋建造的各类专业人员的工作依据。例如，电工通过它来了解电源插座、灯具等的安装位置。所以，它可能会非常复杂！

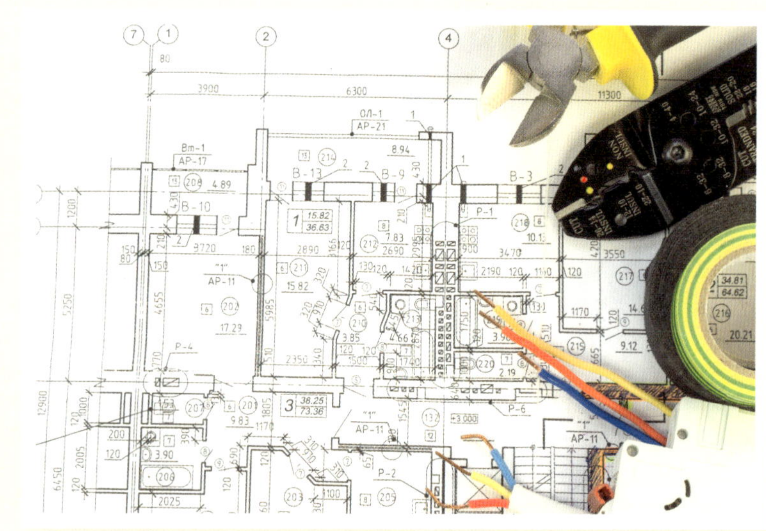

为了让未来的居住者能够了解房屋的空间布局，建筑师还可以绘制三维效果图，或者制作三维模型，并在其中添加一些家具。

现在，试着为你的房屋画几张平面图吧！
房屋里都有哪些房间？客厅、厨房、卧室、浴室、洗衣间、书房、游戏室、
电影放映室、办公室、阁楼、工作室、车库……
另外，你还需要思考这座房屋是一个多层建筑，还是只有一层。
尽情放飞自己的想象吧，一切皆有可能！

房屋的装饰

打造舒适宜人的家居环境是室内设计师的工作。他可以为一个或几个房间设计整体装修方案，包括地面铺装材料的选择（如木地板、瓷砖、树脂等）、墙面外观材料的选择（如乳胶漆、壁纸、装饰材料等）、家具和装饰品的选择……

室内设计师可以联系制作定制家具的厂家，生产窗帘、沙发套和椅子套面料的厂家，以及制作金属楼梯和栏杆的厂家。他甚至可以根据业主的喜好和意愿，请涂鸦艺术家装饰墙面。

在“收尾”阶段，还会有其他专业人员参与进来。比如家具设计师会根据房屋的整体风格来制定橱柜设计方案。他们通常还会为卧室和走廊设计收纳空间，如橱柜、衣帽间等，甚至还会为浴室设计收纳空间。

请在下面空白处把你喜欢的和你想要的室内物品画出来，
包括雕塑、家具，或者富有创意的装饰品等。

客厅

我们从两个不同的视角，画出了可以摆放在客厅和卧室里的不同物品。

请画出你自己想象中的客厅。你可以把它画得像照片上的一样真实，也可以画成平面图。
你需要画出客厅里的物品，选好墙壁的颜色，再添加一些装饰品……
你可以参考上一页的图例哟！

厨房

我想要一个开放式厨房，和客厅连在一起。

我们从两个不同的视角，画出了厨房里可能出现的不同物品。

△餐桌

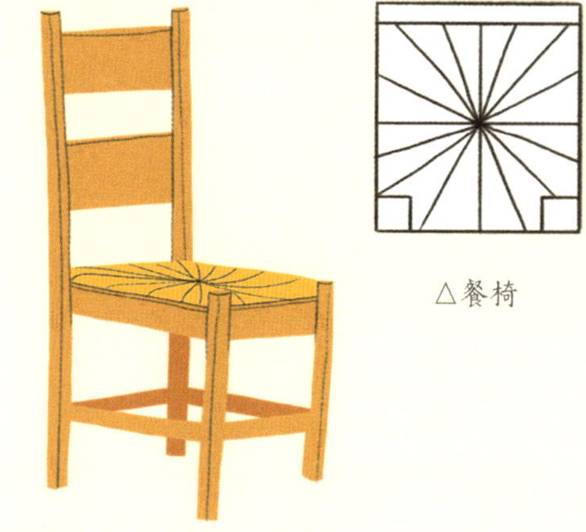

△餐椅

△整体厨房

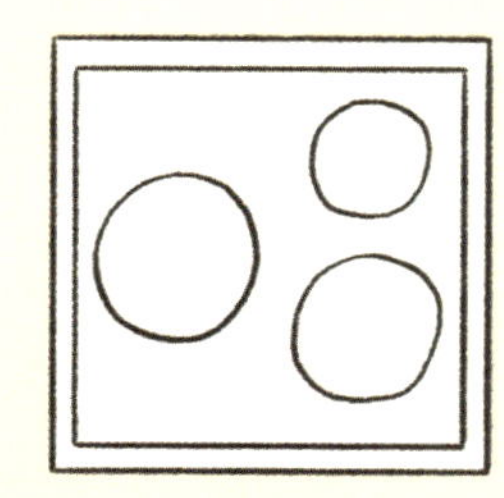

△炉灶

请画出你自己想象中的厨房。你可以把它画得像照片上的一样真实，也可以画成平面图。
你需要画出厨房里的家具，选好墙壁的颜色，再添加一些装饰品……
你可以参考上一页的图例哟！

卧室

我们从两个不同的视角，画出了卧室中可能出现的不同物品和房屋结构。

△单人床

△双人床

△书桌

△大衣柜

△壁橱

△复式房间

△床头柜

请画出你自己想象中的卧室。你可以把它画得像照片上的一样真实，也可以画成平面图。
你需要画出卧室里的家具，选择墙壁的颜色，再添加一些装饰品……
你可以参考上一页的图例哟！

浴室

我们从两个不同的视角，画出了浴室中可能出现的不同物品。

△镜子

△洗脸池

△抽水马桶

△毛巾架

△淋浴间

△浴缸

请画出你自己想象中的浴室。你可以把它画得像照片上的一样真实，也可以画成平面图。
你需要画出浴室里的物品，选择墙壁的颜色，再添加一些装饰品……
你可以参考上一页的图例哟！

秘密乐园

我们从两个不同的视角，画出了家中可能出现的不同物品。

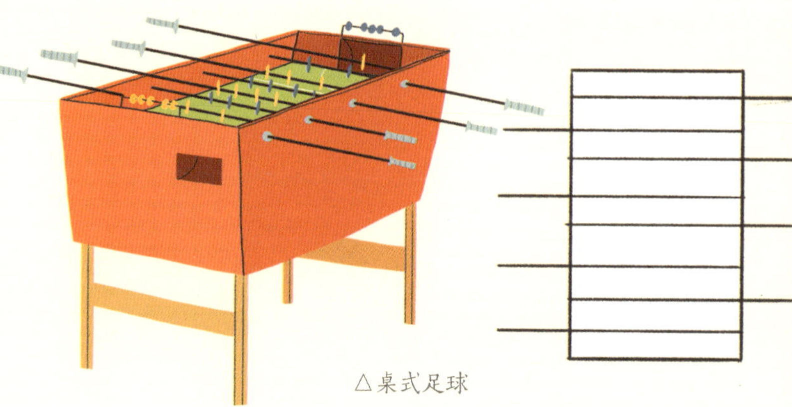

△桌式足球

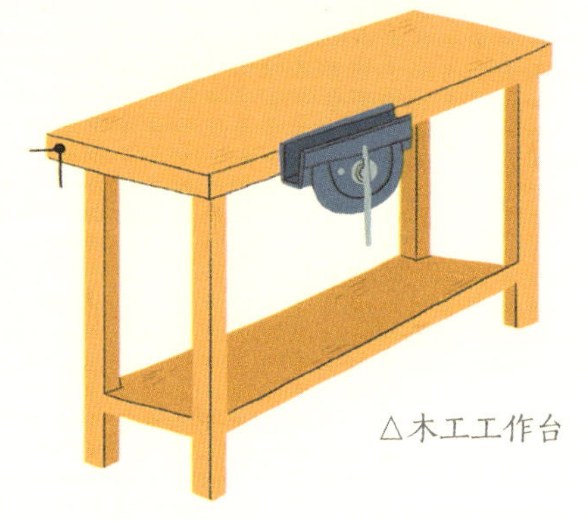

△木工工作台

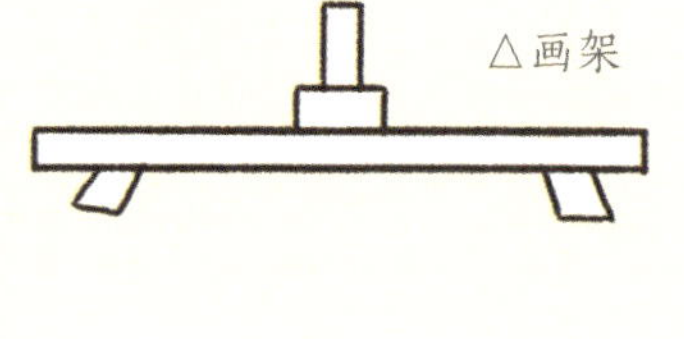

△画架

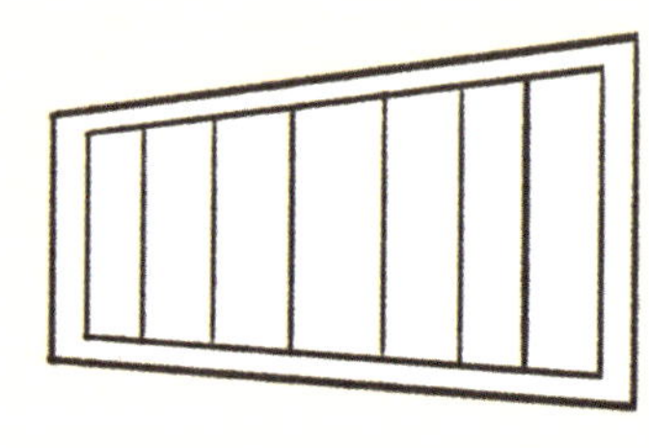

△跑步机

△钢琴

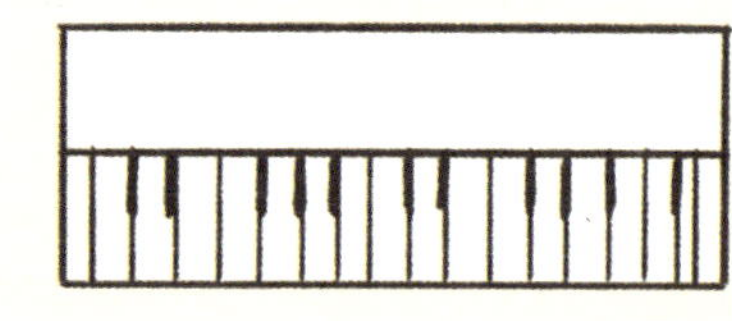

△一排座椅

请画出你家中的秘密乐园。你可以把它画得像照片上的一样真实，也可以画成平面图。
根据你自己的喜好和愿望，它可以是书房、健身房、画室，甚至是电影放映室！
你需要画出房间里的家具，选择墙壁的颜色，再添加一些装饰品……
你可以参考上一页的图例哟！

图书在版编目（CIP）数据

我来创造未来世界. 1, 建造一个家 / (法) 玛丽昂·德穆林著 ; (法) 约瑟芬·范德杜特绘 ; 周游译. -- 上海 : 上海社会科学院出版社, 2024

ISBN 978-7-5520-4389-1

Ⅰ.①我… Ⅱ.①玛… ②约… ③周… Ⅲ.①科学知识—儿童读物 Ⅳ.①Z228.1

中国国家版本馆CIP数据核字（2024）第094227号

上海市版权局著作权合同登记号：图字09-2023-1175号

我来创造未来世界：建造一个家

著　　者：［法］玛丽昂·德穆林
绘　　者：［法］约瑟芬·范德杜特
译　　者：周　游
责任编辑：杜颖颖
特约编辑：晋西影
装帧设计：乔雅琼　盛广佳
出版发行：上海社会科学院出版社
上海市顺昌路622号　邮编 200025
电话总机 021-63315947　销售热线 021-53063735
https://cbs.sass.org.cn　E-mail: sassp@sassp. cn
印　　刷：鸿博昊天科技有限公司
开　　本：787毫米 x 1092毫米　1/12
印　　张：2.6
字　　数：35.7千
版　　次：2024年9月第1版　2024年9月第1次印刷
审 图 号：GS（2024）2620号

ISBN 978-7-5520-4389-1/Z · 087　定价：179.80元（全6册）